M	T	W	T	F	M	T	W	T	F	M	T	W	T	F	M	T	W	T	F	M	T	W	T	F	
																									1
																									2
																									3
																									4
																									5
																									6
																									7
																									8
																									9
																									10
																									11
																									12
																									13
																									14
																									15
																									16
																									17

Subject:	Assignments	Day	M	T	W	T	F	M	T	W	T	F	M	T	W	T	F	M	T	W	T	F	M	T	W	T	F
Time/Period:		Date																										
Daily Total →																											
Cumulative Total →																											
	1																										
	2																										
	3																										
	4																										
	5																										
	6																										
	7																										
	8																										
	9																										
	10																										
	11																										
	12																										
	13																										
	14																										
	15																										
	16																										
	17																										

																									SUMMARY			
M	T	W	T	F	M	T	W	T	F	M	T	W	T	F	M	T	W	T	F	M	T	W	T	F					
/	/	/	/	/	/	/	/	/	/	/	/	/	/	/	/	/	/	/	/	/	/	/	/	/					
																									1				
																									2				
																									3				
																									4				
																									5				
																									6				
																									7				
																									8				
																									9				
																									10				
																									11				
																									12				
																									13				
																									14				
																									15				
																									16				
																									17				

Subject:
Social Studies

Time/Period:
Lee HR

Assignments	Day	M	T	W	T	F	M	T	W	T	F	M	T	W	T	F	M	T	W	T	F	M	T	W	T	F
Date																										
Daily Total / **Cumulative Total**																										
	1																									
	2																									
	3																									
	4																									
	5																									
	6																									
	7																									
	8																									
	9																									
	10																									
	11																									
	12																									
	13																									
	14																									
	15																									
	16																									
	17																									

																									SUMMARY		
M	T	W	T	F	M	T	W	T	F	M	T	W	T	F	M	T	W	T	F	M	T	W	T	F				
																									1			
																									2			
																									3			
																									4			
																									5			
																									6			
																									7			
																									8			
																									9			
																									10			
																									11			
																									12			
																									13			
																									14			
																									15			
																									16			
																									17			

Subject: Science Time/Period: Lee HR	Assignments →	Heat Transfer Review				S.P.3.1 Assignment																			
Day		M	T	W	F	M	T	W	T	F	M	T	W	T	F	M	T	W	T	F	M	T	W	T	F
Date		11/9				11/14																			
Daily Total →		3																							
Cumulative Total →		3																							
Angelica Allen	1	1				✓																			
Dakota Bridges	2					1																			
Josef Brown	3	2				1																			
Tia Davis	4	1				1																			
Uriel Gonzalez-Felipe	5	2				3																			
Marco Jimenez-Gomez	6	1				2																			
J'Naya Lawrence	7	2				2																			
Aislinn Martinez-Lopez	8	1				2																			
Taniya Outlaw	9	2				3																			
William Portillo-Lopez	10	2				3																			
Karriah Toler	11	1				1																			
Jamal Tomlinson	12					2																			
Tikerra Williams	13	2				2																			
	14																								
	15																								
	16																								
	17																								

M	T	W	T	F	M	T	W	T	F	M	T	W	T	F	M	T	W	T	F	M	T	W	T	F		SUMMARY		
																									1			
																									2			
																									3			
																									4			
																									5			
																									6			
																									7			
																									8			
																									9			
																									10			
																									11			
																									12			
																									13			
																									14			
																									15			
																									16			
																									17			

Subject: Science

Time/Period: Thorpe HR

	Assignments →	Heat transfer review				S.P. 3.1 Assessment																				
Day		M	T	W	T	F	M	T	W	T	F	M	T	W	T	F	M	T	W	T	F	M	T	W	T	F
Date		11/9					11/14																			
Daily Total →		3																								
Cumulative Total →		3																								
Sanaa Baldwin	1	1					1																			
Leonta Best	2	2					1																			
Dessiray Campbell	3	3					1																			
Davon Cozart	4	2					2																			
Davirna Diaz-Guardado	5	1					1																			
Saundra Gordon	6	1																								
Intisar Hinton	7	2					2																			
Desmond Hoskins	8																									
Naema Leathers	9	1					2																			
Sonaiya McCuller	10	2																								
Nzuri Parker	11	1					1																			
Xitlaly Perez-Tamayo	12	2					3																			
JaQuez Powell	13	1					1																			
Jamel Perry	14	2					2																			
De Carlos Sabater	15	1					1																			
Kaniya Woolard	16	2					1																			
	17																									

																										SUMMARY			
M	T	W	T	F	M	T	W	T	F	M	T	W	T	F	M	T	W	T	F	M	T	W	T	F					
																									1				
																									2				
																									3				
																									4				
																									5				
																									6				
																									7				
																									8				
																									9				
																									10				
																									11				
																									12				
																									13				
																									14				
																									15				
																									16				
																									17				

Subject:	Assignments		Day	M	T	W	T	F	M	T	W	T	F	M	T	W	T	F	M	T	W	T	F	M	T	W	T	F
Time/Period:			Date																									
Daily Total → Cumulative Total →																												
			1																									
			2																									
			3																									
			4																									
			5																									
			6																									
			7																									
			8																									
			9																									
			10																									
			11																									
			12																									
			13																									
			14																									
			15																									
			16																									
			17																									

																									SUMMARY			
M	T	W	T	F	M	T	W	T	F	M	T	W	T	F	M	T	W	T	F	M	T	W	T	F				
1																												
2																												
3																												
4																												
5																												
6																												
7																												
8																												
9																												
10																												
11																												
12																												
13																												
14																												
15																												
16																												
17																												

Subject: _____

Time/Period: _____

Assignments →

	Day	M	T	W	T	F	M	T	W	T	F	M	T	W	T	F	M	T	W	T	F	M	T	W	T	F
	Date																									
Daily Total → Cumulative Total →																										
	1																									
	2																									
	3																									
	4																									
	5																									
	6																									
	7																									
	8																									
	9																									
	10																									
	11																									
	12																									
	13																									
	14																									
	15																									
	16																									
	17																									

																									SUMMARY			
M	T	W	T	F	M	T	W	T	F	M	T	W	T	F	M	T	W	T	F	M	T	W	T	F					
																									1				
																									2				
																									3				
																									4				
																									5				
																									6				
																									7				
																									8				
																									9				
																									10				
																									11				
																									12				
																									13				
																									14				
																									15				
																									16				
																									17				

Subject:	Assignments	M	T	W	T	F	M	T	W	T	F	M	T	W	T	F	M	T	W	T	F	M	T	W	T	F
Time/Period:	Day																									
	Date																									
Daily Total / Cumulative Total																										
	1																									
	2																									
	3																									
	4																									
	5																									
	6																									
	7																									
	8																									
	9																									
	10																									
	11																									
	12																									
	13																									
	14																									
	15																									
	16																									
	17																									

M	T	W	T	F	M	T	W	T	F	M	T	W	T	F	M	T	W	T	F	M	T	W	T	F		SUMMARY			
																									1				
																									2				
																									3				
																									4				
																									5				
																									6				
																									7				
																									8				
																									9				
																									10				
																									11				
																									12				
																									13				
																									14				
																									15				
																									16				
																									17				

Subject: _____ Time/Period: _____	Assignments →																									
Day		M	T	W	T	F	M	T	W	T	F	M	T	W	T	F	M	T	W	T	F	M	T	W	T	F
Date																										
Daily Total → Cumulative Total →																										
	1																									
	2																									
	3																									
	4																									
	5																									
	6																									
	7																									
	8																									
	9																									
	10																									
	11																									
	12																									
	13																									
	14																									
	15																									
	16																									
	17																									

																									SUMMARY			
M	T	W	T	F	M	T	W	T	F	M	T	W	T	F	M	T	W	T	F	M	T	W	T	F					
																									1				
																									2				
																									3				
																									4				
																									5				
																									6				
																									7				
																									8				
																									9				
																									10				
																									11				
																									12				
																									13				
																									14				
																									15				
																									16				
																									17				

Subject:	Assignments		M	T	W	T	F	M	T	W	T	F	M	T	W	T	F	M	T	W	T	F	M	T	W	T	F
Time/Period:		Day	M	T	W	T	F	M	T	W	T	F	M	T	W	T	F	M	T	W	T	F	M	T	W	T	F
		Date																									
Daily Total																											
Cumulative Total																											
	1																										
	2																										
	3																										
	4																										
	5																										
	6																										
	7																										
	8																										
	9																										
	10																										
	11																										
	12																										
	13																										
	14																										
	15																										
	16																										
	17																										

	M	T	W	T	F	M	T	W	T	F	M	T	W	T	F	M	T	W	T	F	M	T	W	T	F		SUMMARY			
1																														
2																														
3																														
4																														
5																														
6																														
7																														
8																														
9																														
10																														
11																														
12																														
13																														
14																														
15																														
16																														
17																														

Subject: _____ Time/Period: _____	Assignments →	Day	M	T	W	T	F	M	T	W	T	F	M	T	W	T	F	M	T	W	T	F	M	T	W	T	F
		Date																									
Daily Total → Cumulative Total →																											
	1																										
	2																										
	3																										
	4																										
	5																										
	6																										
	7																										
	8																										
	9																										
	10																										
	11																										
	12																										
	13																										
	14																										
	15																										
	16																										
	17																										

																									SUMMARY		
M	T	W	T	F	M	T	W	T	F	M	T	W	T	F	M	T	W	T	F	M	T	W	T	F				
																									1			
																									2			
																									3			
																									4			
																									5			
																									6			
																									7			
																									8			
																									9			
																									10			
																									11			
																									12			
																									13			
																									14			
																									15			
																									16			
																									17			

Subject:

_____

Time/Period:

_____

Assignments

	Day	M	T	W	T	F	M	T	W	T	F	M	T	W	T	F	M	T	W	T	F	M	T	W	T	F
	Date																									
Daily Total → Cumulative Total →																										
	1																									
	2																									
	3																									
	4																									
	5																									
	6																									
	7																									
	8																									
	9																									
	10																									
	11																									
	12																									
	13																									
	14																									
	15																									
	16																									
	17																									

																										SUMMARY			
M	T	W	T	F	M	T	W	T	F	M	T	W	T	F	M	T	W	T	F	M	T	W	T	F					
																									1				
																									2				
																									3				
																									4				
																									5				
																									6				
																									7				
																									8				
																									9				
																									10				
																									11				
																									12				
																									13				
																									14				
																									15				
																									16				
																									17				

	Assignments																												
Subject: _____ **Time/Period:** _____																													
Day		M	T	W	T	F	M	T	W	T	F	M	T	W	T	F	M	T	W	T	F	M	T	W	T	F
Date																											
Daily Total **Cumulative Total**																											
	1																										
	2																										
	3																										
	4																										
	5																										
	6																										
	7																										
	8																										
	9																										
	10																										
	11																										
	12																										
	13																										
	14																										
	15																										
	16																										
	17																										

																									SUMMARY			
M	T	W	T	F	M	T	W	T	F	M	T	W	T	F	M	T	W	T	F	M	T	W	T	F					
																									1				
																									2				
																									3				
																									4				
																									5				
																									6				
																									7				
																									8				
																									9				
																									10				
																									11				
																									12				
																									13				
																									14				
																									15				
																									16				
																									17				

Subject:	Assignments																														
_____																															
Time/Period:																															
_____																															

Day	M	T	W	T	F	M	T	W	T	F	M	T	W	T	F	M	T	W	T	F	M	T	W	T	F
Date																									
Daily Total → Cumulative Total →																									
1																									
2																									
3																									
4																									
5																									
6																									
7																									
8																									
9																									
10																									
11																									
12																									
13																									
14																									
15																									
16																									
17																									

																										SUMMARY			
M	T	W	T	F	M	T	W	T	F	M	T	W	T	F	M	T	W	T	F	M	T	W	T	F					
																									1				
																									2				
																									3				
																									4				
																									5				
																									6				
																									7				
																									8				
																									9				
																									10				
																									11				
																									12				
																									13				
																									14				
																									15				
																									16				
																									17				

Subject:	Assignments	Day	M	T	W	T	F	M	T	W	T	F	M	T	W	T	F	M	T	W	T	F	M	T	W	T	F
Time/Period:		Date																									
Daily Total → Cumulative Total →																											
		1																									
		2																									
		3																									
		4																									
		5																									
		6																									
		7																									
		8																									
		9																									
		10																									
		11																									
		12																									
		13																									
		14																									
		15																									
		16																									
		17																									

																									SUMMARY			
M	T	W	T	F	M	T	W	T	F	M	T	W	T	F	M	T	W	T	F	M	T	W	T	F					
																									1				
																									2				
																									3				
																									4				
																									5				
																									6				
																									7				
																									8				
																									9				
																									10				
																									11				
																									12				
																									13				
																									14				
																									15				
																									16				
																									17				

Subject: _____ Time/Period: _____	Assignments →																					
Day		M	T	W	T	F	M	T	W	T	F	M	T	W	T	F	M	T	W	T	F
Date																						
Daily Total → **Cumulative Total →**																						
	1																					
	2																					
	3																					
	4																					
	5																					
	6																					
	7																					
	8																					
	9																					
	10																					
	11																					
	12																					
	13																					
	14																					
	15																					
	16																					
	17																					

																										SUMMARY		
M	T	W	T	F	M	T	W	T	F	M	T	W	T	F	M	T	W	T	F	M	T	W	T	F					
																									1				
																									2				
																									3				
																									4				
																									5				
																									6				
																									7				
																									8				
																									9				
																									10				
																									11				
																									12				
																									13				
																									14				
																									15				
																									16				
																									17				

Subject: _____ Time/Period: _____	Assignments	Day	M	T	W	T	F	M	T	W	T	F	M	T	W	T	F	M	T	W	T	F	M	T	W	T	F
		Date																									
		Daily Total → Cumulative Total →																									
	1																										
	2																										
	3																										
	4																										
	5																										
	6																										
	7																										
	8																										
	9																										
	10																										
	11																										
	12																										
	13																										
	14																										
	15																										
	16																										
	17																										

																										SUMMARY			
M	T	W	T	F	M	T	W	T	F	M	T	W	T	F	M	T	W	T	F	M	T	W	T	F					
																									1				
																									2				
																									3				
																									4				
																									5				
																									6				
																									7				
																									8				
																									9				
																									10				
																									11				
																									12				
																									13				
																									14				
																									15				
																									16				
																									17				

Subject: _____ Time/Period: _____	Assignments →																								
Day		M	T	W	T	F	M	T	W	T	F	M	T	W	T	F	M	T	W	T	F	M	T	W	T	F
Date																										
Daily Total → Cumulative Total →																										
1																										
2																										
3																										
4																										
5																										
6																										
7																										
8																										
9																										
10																										
11																										
12																										
13																										
14																										
15																										
16																										
17																										

																									SUMMARY			
M	T	W	T	F	M	T	W	T	F	M	T	W	T	F	M	T	W	T	F	M	T	W	T	F					
																									1				
																									2				
																									3				
																									4				
																									5				
																									6				
																									7				
																									8				
																									9				
																									10				
																									11				
																									12				
																									13				
																									14				
																									15				
																									16				
																									17				

Subject:	Assignments																										
Time/Period:																											
Day		M	T	W	T	F	M	T	W	T	F	M	T	W	T	F	M	T	W	T	F	M	T	W	T	F
Date																										
Daily Total																										
Cumulative Total																										
	1																									
	2																									
	3																									
	4																									
	5																									
	6																									
	7																									
	8																									
	9																									
	10																									
	11																									
	12																									
	13																									
	14																									
	15																									
	16																									
	17																									

																									SUMMARY		
M	T	W	T	F	M	T	W	T	F	M	T	W	T	F	M	T	W	T	F	M	T	W	T	F				
																									1			
																									2			
																									3			
																									4			
																									5			
																									6			
																									7			
																									8			
																									9			
																									10			
																									11			
																									12			
																									13			
																									14			
																									15			
																									16			
																									17			

Subject: _____ Time/Period: _____	Assignments →																											
Day		M	T	W	T	F	M	T	W	T	F	M	T	W	T	F	M	T	W	T	F	M	T	W	T	F		
Date																												
Daily Total → Cumulative Total →																												
	1																											
	2																											
	3																											
	4																											
	5																											
	6																											
	7																											
	8																											
	9																											
	10																											
	11																											
	12																											
	13																											
	14																											
	15																											
	16																											
	17																											

																									SUMMARY			
M	T	W	T	F	M	T	W	T	F	M	T	W	T	F	M	T	W	T	F	M	T	W	T	F					
																									1				
																									2				
																									3				
																									4				
																									5				
																									6				
																									7				
																									8				
																									9				
																									10				
																									11				
																									12				
																									13				
																									14				
																									15				
																									16				
																									17				

Subject:

_____

Time/Period:

_____

Assignments	Day	M	T	W	T	F	M	T	W	T	F	M	T	W	T	F	M	T	W	T	F	M	T	W	T	F
Date																										
Daily Total / Cumulative Total																										
	1																									
	2																									
	3																									
	4																									
	5																									
	6																									
	7																									
	8																									
	9																									
	10																									
	11																									
	12																									
	13																									
	14																									
	15																									
	16																									
	17																									

																										SUMMARY			
M	T	W	T	F	M	T	W	T	F	M	T	W	T	F	M	T	W	T	F	M	T	W	T	F						
																									1					
																									2					
																									3					
																									4					
																									5					
																									6					
																									7					
																									8					
																									9					
																									10					
																									11					
																									12					
																									13					
																									14					
																									15					
																									16					
																									17					

Subject: _____

Time/Period: _____

Assignments

Day	M	T	W	T	F	M	T	W	T	F	M	T	W	T	F	M	T	W	T	F	M	T	W	T	F
Date																									
Daily Total / Cumulative Total																									
1																									
2																									
3																									
4																									
5																									
6																									
7																									
8																									
9																									
10																									
11																									
12																									
13																									
14																									
15																									
16																									
17																									

																											SUMMARY			
M	T	W	T	F	M	T	W	T	F	M	T	W	T	F	M	T	W	T	F	M	T	W	T	F							
																										1					
																										2					
																										3					
																										4					
																										5					
																										6					
																										7					
																										8					
																										9					
																										10					
																										11					
																										12					
																										13					
																										14					
																										15					
																										16					
																										17					

Subject: _____ Time/Period: _____	Assignments →	M	T	W	T	F	M	T	W	T	F	M	T	W	T	F	M	T	W	T	F	M	T	W	T	F
	Day	M	T	W	T	F	M	T	W	T	F	M	T	W	T	F	M	T	W	T	F	M	T	W	T	F
	Date																									
Daily Total → Cumulative Total →																										
	1																									
	2																									
	3																									
	4																									
	5																									
	6																									
	7																									
	8																									
	9																									
	10																									
	11																									
	12																									
	13																									
	14																									
	15																									
	16																									
	17																									

																										SUMMARY			
M	T	W	T	F	M	T	W	T	F	M	T	W	T	F	M	T	W	T	F	M	T	W	T	F					
																									1				
																									2				
																									3				
																									4				
																									5				
																									6				
																									7				
																									8				
																									9				
																									10				
																									11				
																									12				
																									13				
																									14				
																									15				
																									16				
																									17				

Subject: _____ Time/Period: _____	Assignments	M	T	W	T	F	M	T	W	T	F	M	T	W	T	F	M	T	W	T	F	M	T	W	T	F
Day		M	T	W	T	F	M	T	W	T	F	M	T	W	T	F	M	T	W	T	F	M	T	W	T	F
Date																										
Daily Total → Cumulative Total →																										
	1																									
	2																									
	3																									
	4																									
	5																									
	6																									
	7																									
	8																									
	9																									
	10																									
	11																									
	12																									
	13																									
	14																									
	15																									
	16																									
	17																									

	M	T	W	T	F	M	T	W	T	F	M	T	W	T	F	M	T	W	T	F	M	T	W	T	F		SUMMARY			
1																														
2																														
3																														
4																														
5																														
6																														
7																														
8																														
9																														
10																														
11																														
12																														
13																														
14																														
15																														
16																														
17																														

Subject: _____ Time/Period: _____	Assignments																									
Day		M	T	W	T	F	M	T	W	T	F	M	T	W	T	F	M	T	W	T	F	M	T	W	T	F
Date																										
Daily Total → Cumulative Total →																										
	1																									
	2																									
	3																									
	4																									
	5																									
	6																									
	7																									
	8																									
	9																									
	10																									
	11																									
	12																									
	13																									
	14																									
	15																									
	16																									
	17																									

																											SUMMARY			
M	T	W	T	F	M	T	W	T	F	M	T	W	T	F	M	T	W	T	F	M	T	W	T	F							
																										1					
																										2					
																										3					
																										4					
																										5					
																										6					
																										7					
																										8					
																										9					
																										10					
																										11					
																										12					
																										13					
																										14					
																										15					
																										16					
																										17					

Subject:	Assignments	M	T	W	T	F	M	T	W	T	F	M	T	W	T	F	M	T	W	T	F	M	T	W	T	F
Time/Period:	Day																									
Date																										
Daily Total → Cumulative Total →																										
	1																									
	2																									
	3																									
	4																									
	5																									
	6																									
	7																									
	8																									
	9																									
	10																									
	11																									
	12																									
	13																									
	14																									
	15																									
	16																									
	17																									

																									SUMMARY		
M	T	W	T	F	M	T	W	T	F	M	T	W	T	F	M	T	W	T	F	M	T	W	T	F			
																								1			
																								2			
																								3			
																								4			
																								5			
																								6			
																								7			
																								8			
																								9			
																								10			
																								11			
																								12			
																								13			
																								14			
																								15			
																								16			
																								17			

Subject:	Assignments	Day	M	T	W	T	F	M	T	W	T	F	M	T	W	T	F	M	T	W	T	F	M	T	W	T	F
Time/Period:		Date																									
Daily Total → Cumulative Total →																											
		1																									
		2																									
		3																									
		4																									
		5																									
		6																									
		7																									
		8																									
		9																									
		10																									
		11																									
		12																									
		13																									
		14																									
		15																									
		16																									
		17																									

																													SUMMARY			
M	T	W	T	F	M	T	W	T	F	M	T	W	T	F	M	T	W	T	F	M	T	W	T	F	M	T	W	T	F				
																														1			
																														2			
																														3			
																														4			
																														5			
																														6			
																														7			
																														8			
																														9			
																														10			
																														11			
																														12			
																														13			
																														14			
																														15			
																														16			
																														17			

Subject: _____ Time/Period: _____	Assignments																						
Day		M	T	W	T	F	M	T	W	T	F	M	T	W	T	F	M	T	W	T	F	M	T	W	T	F
Date																										
Daily Total / Cumulative Total																										
1																										
2																										
3																										
4																										
5																										
6																										
7																										
8																										
9																										
10																										
11																										
12																										
13																										
14																										
15																										
16																										
17																										

	M	T	W	T	F	M	T	W	T	F	M	T	W	T	F	M	T	W	T	F	M	T	W	T	F		SUMMARY		
1																													
2																													
3																													
4																													
5																													
6																													
7																													
8																													
9																													
10																													
11																													
12																													
13																													
14																													
15																													
16																													
17																													

Subject:

_____

Time/Period:

_____

Assignments →

Day	M	T	W	T	F	M	T	W	T	F	M	T	W	T	F	M	T	W	T	F	M	T	W	T	F
Date																									
Daily Total →																									
Cumulative Total →																									
1																									
2																									
3																									
4																									
5																									
6																									
7																									
8																									
9																									
10																									
11																									
12																									
13																									
14																									
15																									
16																									
17																									

	M	T	W	T	F	M	T	W	T	F	M	T	W	T	F	M	T	W	T	F	M	T	W	T	F		SUMMARY			
1																														
2																														
3																														
4																														
5																														
6																														
7																														
8																														
9																														
10																														
11																														
12																														
13																														
14																														
15																														
16																														
17																														

Subject:			M	T	W	T	F	M	T	W	T	F	M	T	W	T	F	M	T	W	T	F	M	T	W	T	F
Time/Period:	Assignments →	**Day**																									
		Date																									
Daily Total →																											
Cumulative Total →																											
	1																										
	2																										
	3																										
	4																										
	5																										
	6																										
	7																										
	8																										
	9																										
	10																										
	11																										
	12																										
	13																										
	14																										
	15																										
	16																										
	17																										

	M	T	W	T	F	M	T	W	T	F	M	T	W	T	F	M	T	W	T	F	M	T	W	T	F		SUMMARY			
1																														
2																														
3																														
4																														
5																														
6																														
7																														
8																														
9																														
10																														
11																														
12																														
13																														
14																														
15																														
16																														
17																														

Subject:	Assignments	Day	M	T	W	T	F	M	T	W	T	F	M	T	W	T	F	M	T	W	T	F	M	T	W	T	F
Time/Period:		Date																									
Daily Total → Cumulative Total →																											
		1																									
		2																									
		3																									
		4																									
		5																									
		6																									
		7																									
		8																									
		9																									
		10																									
		11																									
		12																									
		13																									
		14																									
		15																									
		16																									
		17																									

	M	T	W	T	F	M	T	W	T	F	M	T	W	T	F	M	T	W	T	F	M	T	W	T	F		SUMMARY		
1																													
2																													
3																													
4																													
5																													
6																													
7																													
8																													
9																													
10																													
11																													
12																													
13																													
14																													
15																													
16																													
17																													

Subject:	Assignments																										
_____ Time/Period: _____																											
Day		M	T	W	T	F	M	T	W	T	F	M	T	W	T	F	M	T	W	T	F	M	T	W	T	F
Date																											
Daily Total → Cumulative Total →																											
	1																										
	2																										
	3																										
	4																										
	5																										
	6																										
	7																										
	8																										
	9																										
	10																										
	11																										
	12																										
	13																										
	14																										
	15																										
	16																										
	17																										

																										SUMMARY			
M	T	W	T	F	M	T	W	T	F	M	T	W	T	F	M	T	W	T	F	M	T	W	T	F					
																									1				
																									2				
																									3				
																									4				
																									5				
																									6				
																									7				
																									8				
																									9				
																									10				
																									11				
																									12				
																									13				
																									14				
																									15				
																									16				
																									17				

Subject:	Assignments	M	T	W	T	F	M	T	W	T	F	M	T	W	T	F	M	T	W	T	F	M	T	W	T	F
Day		M	T	W	T	F	M	T	W	T	F	M	T	W	T	F	M	T	W	T	F	M	T	W	T	F
Date																										
Daily Total → Cumulative Total →																										
	1																									
	2																									
	3																									
	4																									
	5																									
	6																									
	7																									
	8																									
	9																									
	10																									
	11																									
	12																									
	13																									
	14																									
	15																									
	16																									
	17																									

Time/Period:

																									SUMMARY			
M	T	W	T	F	M	T	W	T	F	M	T	W	T	F	M	T	W	T	F	M	T	W	T	F					
																									1				
																									2				
																									3				
																									4				
																									5				
																									6				
																									7				
																									8				
																									9				
																									10				
																									11				
																									12				
																									13				
																									14				
																									15				
																									16				
																									17				

Subject: _____ Time/Period: _____	Assignments →	Day	M	T	W	T	F	M	T	W	T	F	M	T	W	T	F	M	T	W	T	F	M	T	W	T	F
		Date																								
Daily Total → Cumulative Total →																										
		1																								
		2																								
		3																								
		4																								
		5																								
		6																								
		7																								
		8																								
		9																								
		10																								
		11																								
		12																								
		13																								
		14																								
		15																								
		16																								
		17																								

	M	T	W	T	F	M	T	W	T	F	M	T	W	T	F	M	T	W	T	F	M	T	W	T	F		SUMMARY			
1																														
2																														
3																														
4																														
5																														
6																														
7																														
8																														
9																														
10																														
11																														
12																														
13																														
14																														
15																														
16																														
17																														

Subject:

_____

Time/Period:

_____

Assignments	Day	M	T	W	T	F	M	T	W	T	F	M	T	W	T	F	M	T	W	T	F	M	T	W	T	F
	Date																									
Daily Total → Cumulative Total →																										
	1																									
	2																									
	3																									
	4																									
	5																									
	6																									
	7																									
	8																									
	9																									
	10																									
	11																									
	12																									
	13																									
	14																									
	15																									
	16																									
	17																									

	M	T	W	T	F	M	T	W	T	F	M	T	W	T	F	M	T	W	T	F	M	T	W	T	F		SUMMARY		
1																													
2																													
3																													
4																													
5																													
6																													
7																													
8																													
9																													
10																													
11																													
12																													
13																													
14																													
15																													
16																													
17																													

Subject: _____			M	T	W	T	F	M	T	W	T	F	M	T	W	T	F	M	T	W	T	F	M	T	W	T	F
Time/Period: _____	Assignments																										
		Day	M	T	W	T	F	M	T	W	T	F	M	T	W	T	F	M	T	W	T	F	M	T	W	T	F
		Date																									
Daily Total → Cumulative Total →																											
		1																									
		2																									
		3																									
		4																									
		5																									
		6																									
		7																									
		8																									
		9																									
		10																									
		11																									
		12																									
		13																									
		14																									
		15																									
		16																									
		17																									

M	T	W	T	F	M	T	W	T	F	M	T	W	T	F	M	T	W	T	F	M	T	W	T	F

																									No.			
																									1			
																									2			
																									3			
																									4			
																									5			
																									6			
																									7			
																									8			
																									9			
																									10			
																									11			
																									12			
																									13			
																									14			
																									15			
																									16			
																									17			

Subject: _____

Time/Period: _____

Assignments →

Day	M	T	W	T	F	M	T	W	T	F	M	T	W	T	F	M	T	W	T	F	M	T	W	T	F
Date																									
Daily Total →																									
Cumulative Total →																									
1																									
2																									
3																									
4																									
5																									
6																									
7																									
8																									
9																									
10																									
11																									
12																									
13																									
14																									
15																									
16																									
17																									

																									SUMMARY			
M	T	W	T	F	M	T	W	T	F	M	T	W	T	F	M	T	W	T	F	M	T	W	T	F				
																									1			
																									2			
																									3			
																									4			
																									5			
																									6			
																									7			
																									8			
																									9			
																									10			
																									11			
																									12			
																									13			
																									14			
																									15			
																									16			
																									17			

Subject: _____ Time/Period: _____	Assignments	M	T	W	T	F	M	T	W	T	F	M	T	W	T	F	M	T	W	T	F	M	T	W	T	F
Day		M	T	W	T	F	M	T	W	T	F	M	T	W	T	F	M	T	W	T	F	M	T	W	T	F
Date																										
Daily Total / Cumulative Total																										
	1																									
	2																									
	3																									
	4																									
	5																									
	6																									
	7																									
	8																									
	9																									
	10																									
	11																									
	12																									
	13																									
	14																									
	15																									
	16																									
	17																									

	M	T	W	T	F	M	T	W	T	F	M	T	W	T	F	M	T	W	T	F	M	T	W	T	F		SUMMARY			
1																														
2																														
3																														
4																														
5																														
6																														
7																														
8																														
9																														
10																														
11																														
12																														
13																														
14																														
15																														
16																														
17																														

Subject:	Assignments	Day	M	T	W	T	F	M	T	W	T	F	M	T	W	T	F	M	T	W	T	F	M	T	W	T	F
Time/Period:		Date																									
Daily Total →																											
Cumulative Total →																											
	1																										
	2																										
	3																										
	4																										
	5																										
	6																										
	7																										
	8																										
	9																										
	10																										
	11																										
	12																										
	13																										
	14																										
	15																										
	16																										
	17																										

																									SUMMARY			
M	T	W	T	F	M	T	W	T	F	M	T	W	T	F	M	T	W	T	F	M	T	W	T	F					
																									1				
																									2				
																									3				
																									4				
																									5				
																									6				
																									7				
																									8				
																									9				
																									10				
																									11				
																									12				
																									13				
																									14				
																									15				
																									16				
																									17				

Subject:	Assignments		Day	M	T	W	T	F	M	T	W	T	F	M	T	W	T	F	M	T	W	T	F	M	T	W	T	F
Time/Period:			Date																									
Daily Total																												
Cumulative Total																												
			1																									
			2																									
			3																									
			4																									
			5																									
			6																									
			7																									
			8																									
			9																									
			10																									
			11																									
			12																									
			13																									
			14																									
			15																									
			16																									
			17																									

	M	T	W	T	F	M	T	W	T	F	M	T	W	T	F	M	T	W	T	F	M	T	W	T	F		SUMMARY			
1																														
2																														
3																														
4																														
5																														
6																														
7																														
8																														
9																														
10																														
11																														
12																														
13																														
14																														
15																														
16																														
17																														

Subject:	Assignments																									
_____ Time/Period: _____																										
Day		M	T	W	T	F	M	T	W	T	F	M	T	W	T	F	M	T	W	T	F	M	T	W	T	F
Date																											
Daily Total Cumulative Total																											
	1																										
	2																										
	3																										
	4																										
	5																										
	6																										
	7																										
	8																										
	9																										
	10																										
	11																										
	12																										
	13																										
	14																										
	15																										
	16																										
	17																										

																								SUMMARY			
M	T	W	T	F	M	T	W	T	F	M	T	W	T	F	M	T	W	T	F	M	T	W	T	F				
																									1			
																									2			
																									3			
																									4			
																									5			
																									6			
																									7			
																									8			
																									9			
																									10			
																									11			
																									12			
																									13			
																									14			
																									15			
																									16			
																									17			

Subject: _____ Time/Period: _____	Assignments →	M	T	W	T	F	M	T	W	T	F	M	T	W	T	F	M	T	W	T	F	M	T	W	T	F
Day		M	T	W	T	F	M	T	W	T	F	M	T	W	T	F	M	T	W	T	F	M	T	W	T	F
Date																										
Daily Total → Cumulative Total →																										
	1																									
	2																									
	3																									
	4																									
	5																									
	6																									
	7																									
	8																									
	9																									
	10																									
	11																									
	12																									
	13																									
	14																									
	15																									
	16																									
	17																									

																									SUMMARY			
M	T	W	T	F	M	T	W	T	F	M	T	W	T	F	M	T	W	T	F	M	T	W	T	F					
																									1				
																									2				
																									3				
																									4				
																									5				
																									6				
																									7				
																									8				
																									9				
																									10				
																									11				
																									12				
																									13				
																									14				
																									15				
																									16				
																									17				

Subject:	Assignments	Day	M	T	W	T	F	M	T	W	T	F	M	T	W	T	F	M	T	W	T	F	M	T	W	T	F
Time/Period:		Date																									
Daily Total → Cumulative Total →																											
	1																										
	2																										
	3																										
	4																										
	5																										
	6																										
	7																										
	8																										
	9																										
	10																										
	11																										
	12																										
	13																										
	14																										
	15																										
	16																										
	17																										

																													SUMMARY		
M	T	W	T	F	M	T	W	T	F	M	T	W	T	F	M	T	W	T	F	M	T	W	T	F	M	T	W	T	F			
																														1		
																														2		
																														3		
																														4		
																														5		
																														6		
																														7		
																														8		
																														9		
																														10		
																														11		
																														12		
																														13		
																														14		
																														15		
																														16		
																														17		

Subject:																										
Time/Period:	Assignments																									
Day		M	T	W	T	F	M	T	W	T	F	M	T	W	T	F	M	T	W	T	F	M	T	W	T	F
Date																											
Daily Total — Cumulative Total —																										
	1																									
	2																									
	3																									
	4																									
	5																									
	6																									
	7																									
	8																									
	9																									
	10																									
	11																									
	12																									
	13																									
	14																									
	15																									
	16																									
	17																									

	M	T	W	T	F	M	T	W	T	F	M	T	W	T	F	M	T	W	T	F	M	T	W	T	F		SUMMARY			
																										1				
																										2				
																										3				
																										4				
																										5				
																										6				
																										7				
																										8				
																										9				
																										10				
																										11				
																										12				
																										13				
																										14				
																										15				
																										16				
																										17				

Subject:	Assignments																									
Time/Period:																										
Day		M	T	W	T	F	M	T	W	T	F	M	T	W	T	F	M	T	W	T	F	M	T	W	T	F
Date																										
Daily Total → / Cumulative Total →																										
	1																									
	2																									
	3																									
	4																									
	5																									
	6																									
	7																									
	8																									
	9																									
	10																									
	11																									
	12																									
	13																									
	14																									
	15																									
	16																									
	17																									

																									SUMMARY			
M	T	W	T	F	M	T	W	T	F	M	T	W	T	F	M	T	W	T	F	M	T	W	T	F					
																									1				
																									2				
																									3				
																									4				
																									5				
																									6				
																									7				
																									8				
																									9				
																									10				
																									11				
																									12				
																									13				
																									14				
																									15				
																									16				
																									17				

Subject:	Assignments		M	T	W	T	F	M	T	W	T	F	M	T	W	T	F	M	T	W	T	F	M	T	W	T	F
Time/Period:		Day	M	T	W	T	F	M	T	W	T	F	M	T	W	T	F	M	T	W	T	F	M	T	W	T	F
		Date																									
Daily Total																											
Cumulative Total																											
	1																										
	2																										
	3																										
	4																										
	5																										
	6																										
	7																										
	8																										
	9																										
	10																										
	11																										
	12																										
	13																										
	14																										
	15																										
	16																										
	17																										

																									SUMMARY			
M	T	W	T	F	M	T	W	T	F	M	T	W	T	F	M	T	W	T	F	M	T	W	T	F					
																									1				
																									2				
																									3				
																									4				
																									5				
																									6				
																									7				
																									8				
																									9				
																									10				
																									11				
																									12				
																									13				
																									14				
																									15				
																									16				
																									17				

Subject: _____ Time/Period: _____	Assignments →	M	T	W	T	F	M	T	W	T	F	M	T	W	T	F	M	T	W	T	F	M	T	W	T	F
	Day	M	T	W	T	F	M	T	W	T	F	M	T	W	T	F	M	T	W	T	F	M	T	W	T	F
	Date																									
Daily Total → Cumulative Total →																										
	1																									
	2																									
	3																									
	4																									
	5																									
	6																									
	7																									
	8																									
	9																									
	10																									
	11																									
	12																									
	13																									
	14																									
	15																									
	16																									
	17																									

	M	T	W	T	F	M	T	W	T	F	M	T	W	T	F	M	T	W	T	F	M	T	W	T	F		SUMMARY		
1																													
2																													
3																													
4																													
5																													
6																													
7																													
8																													
9																													
10																													
11																													
12																													
13																													
14																													
15																													
16																													
17																													

Subject: _____

Time/Period: _____

Assignments

	Day	M	T	W	T	F	M	T	W	T	F	M	T	W	T	F	M	T	W	T	F	M	T	W	T	F
	Date																									
Daily Total																										
Cumulative Total																										
	1																									
	2																									
	3																									
	4																									
	5																									
	6																									
	7																									
	8																									
	9																									
	10																									
	11																									
	12																									
	13																									
	14																									
	15																									
	16																									
	17																									

																								SUMMARY			
M	T	W	T	F	M	T	W	T	F	M	T	W	T	F	M	T	W	T	F	M	T	W	T	F				
																									1			
																									2			
																									3			
																									4			
																									5			
																									6			
																									7			
																									8			
																									9			
																									10			
																									11			
																									12			
																									13			
																									14			
																									15			
																									16			
																									17			

Subject: _____ Time/Period: _____	Assignments →	M	T	W	T	F	M	T	W	T	F	M	T	W	T	F	M	T	W	T	F	M	T	W	T	F
Day		M	T	W	T	F	M	T	W	T	F	M	T	W	T	F	M	T	W	T	F	M	T	W	T	F
Date																										
Daily Total → Cumulative Total →																										
	1																									
	2																									
	3																									
	4																									
	5																									
	6																									
	7																									
	8																									
	9																									
	10																									
	11																									
	12																									
	13																									
	14																									
	15																									
	16																									
	17																									

																									SUMMARY			
M	T	W	T	F	M	T	W	T	F	M	T	W	T	F	M	T	W	T	F	M	T	W	T	F				
																									1			
																									2			
																									3			
																									4			
																									5			
																									6			
																									7			
																									8			
																									9			
																									10			
																									11			
																									12			
																									13			
																									14			
																									15			
																									16			
																									17			

Subject:	Assignments																									
Time/Period:																										
Day		M	T	W	T	F	M	T	W	T	F	M	T	W	T	F	M	T	W	T	F	M	T	W	T	F
Date																										
Daily Total —																										
Cumulative Total—																										
	1																									
	2																									
	3																									
	4																									
	5																									
	6																									
	7																									
	8																									
	9																									
	10																									
	11																									
	12																									
	13																									
	14																									
	15																									
	16																									
	17																									

																									SUMMARY		
M	T	W	T	F	M	T	W	T	F	M	T	W	T	F	M	T	W	T	F	M	T	W	T	F				
																									1			
																									2			
																									3			
																									4			
																									5			
																									6			
																									7			
																									8			
																									9			
																									10			
																									11			
																									12			
																									13			
																									14			
																									15			
																									16			
																									17			

Subject: _____ Time/Period: _____	Assignments																									
Day		M	T	W	T	F	M	T	W	T	F	M	T	W	T	F	M	T	W	T	F	M	T	W	T	F
Date																										
Daily Total → Cumulative Total →																										
	1																									
	2																									
	3																									
	4																									
	5																									
	6																									
	7																									
	8																									
	9																									
	10																									
	11																									
	12																									
	13																									
	14																									
	15																									
	16																									
	17																									

																										SUMMARY			
M	T	W	T	F	M	T	W	T	F	M	T	W	T	F	M	T	W	T	F	M	T	W	T	F					
																									1				
																									2				
																									3				
																									4				
																									5				
																									6				
																									7				
																									8				
																									9				
																									10				
																									11				
																									12				
																									13				
																									14				
																									15				
																									16				
																									17				

Subject:

_____

Time/Period:

_____

Assignments

Day	M	T	W	T	F	M	T	W	T	F	M	T	W	T	F	M	T	W	T	F	M	T	W	T	F
Date																									
Daily Total →																									
Cumulative Total →																									
1																									
2																									
3																									
4																									
5																									
6																									
7																									
8																									
9																									
10																									
11																									
12																									
13																									
14																									
15																									
16																									
17																									

																										SUMMARY			
M	T	W	T	F	M	T	W	T	F	M	T	W	T	F	M	T	W	T	F	M	T	W	T	F					
																									1				
																									2				
																									3				
																									4				
																									5				
																									6				
																									7				
																									8				
																									9				
																									10				
																									11				
																									12				
																									13				
																									14				
																									15				
																									16				
																									17				

Grading Chart

Total Number of Items	1	2	3	4	5	6	7	8	9	10	11	12	13	14	15	16	17	18	19	20	21	22	23	24	25	26	27	28	29	30
50	98	96	94	92	90	88	86	84	82	80	78	76	74	72	70	68	66	64	62	60	58	56	54	52	50	48	46	44	42	40
49	98	96	94	92	90	88	86	84	82	80	78	76	73	71	69	67	65	63	61	59	57	55	53	51	49	47	45	43	41	39
48	98	96	94	92	90	88	85	83	81	79	77	75	73	71	69	67	65	63	60	58	56	54	52	50	48	46	44	42	40	38
47	98	96	94	91	89	87	85	83	81	79	77	74	72	70	68	66	64	62	60	57	55	53	51	49	47	45	43	40	38	36
46	98	96	93	91	89	87	85	81	80	78	76	74	72	70	67	65	63	61	59	57	54	52	50	48	46	43	41	39	37	35
45	98	95	93	91	89	87	84	82	80	78	76	73	71	69	67	64	62	60	58	56	53	51	49	47	44	42	40	38	36	33
44	98	95	93	91	89	86	84	82	80	77	75	73	70	68	66	64	61	59	57	55	52	50	48	45	43	41	39	36	34	32
43	98	95	93	91	88	86	84	81	79	77	74	72	70	67	65	63	60	58	56	53	51	49	47	44	42	40	37	35	33	30
42	98	95	93	90	88	86	83	81	79	76	74	71	69	67	64	62	60	57	55	52	50	48	45	43	40	38	36	33	31	29
41	98	95	93	90	88	85	83	80	78	75	73	71	68	66	63	61	59	56	54	51	49	46	44	41	39	37	34	32	29	27
40	98	95	93	90	88	85	83	80	78	75	73	70	68	65	63	60	58	55	53	50	48	45	43	40	38	35	33	30	28	25
39	97	95	92	90	87	85	82	79	77	74	72	69	67	64	62	59	56	54	51	49	46	44	41	38	36	33	31	28	26	23
38	97	95	92	89	87	84	82	79	76	74	71	68	66	63	61	58	55	53	50	47	45	42	39	37	34	32	29	26	24	21
37	97	95	92	89	86	84	81	78	76	73	70	68	65	62	59	57	54	51	49	46	43	41	38	35	32	30	27	24	22	19
36	97	94	92	89	86	83	81	78	75	72	69	67	64	61	58	56	53	50	47	44	42	39	36	33	31	28	25	22	19	17
35	97	94	91	89	86	83	80	77	74	71	69	66	63	60	57	54	51	49	46	43	40	37	34	31	29	26	23	20	17	14
34	97	94	91	88	85	82	79	76	74	71	68	65	62	59	56	53	50	47	44	41	38	35	32	39	26	24	21	18	15	12
33	97	94	91	88	85	82	79	76	73	70	67	64	61	58	55	52	48	45	42	39	36	33	30	27	24	21	18	15	12	9
32	97	94	91	88	84	81	78	75	72	69	66	63	59	56	53	50	47	44	41	38	34	31	28	25	22	19	16	13	9	6
31	97	94	90	87	84	81	77	74	71	68	65	61	58	55	52	48	45	42	39	35	32	29	26	23	19	16	13	10	6	3
30	97	93	90	87	83	80	77	73	70	67	63	60	57	53	50	47	43	40	37	33	30	27	23	20	17	13	10	7	3	
29	97	93	90	86	83	79	76	72	69	66	62	59	55	52	48	45	41	38	34	31	28	24	21	17	14	10	7	3		
28	96	93	89	86	82	79	75	71	68	64	61	57	54	50	46	43	39	36	32	29	25	21	18	14	11	7	4			
27	96	93	89	85	81	78	74	70	67	63	59	56	52	48	44	41	37	33	30	26	22	19	15	11	7	4				
26	96	92	88	85	81	77	73	69	65	62	58	54	50	46	42	38	35	31	27	23	19	15	12	8	4					
25	96	92	88	84	80	76	72	68	64	60	56	52	48	44	40	36	32	28	24	20	16	12	8	4						
24	96	92	88	83	79	75	71	67	63	58	54	50	46	42	38	33	29	25	21	17	13	8	4							
23	96	91	87	83	78	74	70	65	61	57	52	48	43	39	35	30	26	22	17	13	9	4								
22	95	91	86	82	77	73	68	64	59	55	50	45	41	36	32	27	23	18	14	9	5									
21	95	90	86	81	76	71	67	62	57	52	48	43	38	33	29	24	19	14	10	5										
20	95	90	85	80	75	70	65	60	55	50	45	40	35	30	25	20	15	10	5											
19	95	89	84	79	74	68	63	58	53	47	42	37	32	26	21	16	11	5												
18	94	89	83	78	72	67	61	56	50	44	39	33	28	22	17	11	6													
17	94	88	82	76	71	65	59	53	47	41	35	29	24	19	12	6														
16	94	88	81	75	69	63	56	50	44	38	31	25	19	13	6															
15	93	87	80	73	67	60	53	47	40	33	27	20	13	7																
14	93	86	79	71	64	57	50	43	36	29	21	14	7																	
13	92	85	77	69	62	54	46	38	31	23	15	8																		
12	92	83	75	67	58	50	42	33	25	17	8																			
11	91	82	73	64	55	45	36	27	18	9																				
10	90	80	70	60	50	40	30	20	10																					
9	89	78	67	56	44	36	22	11																						
8	88	75	63	50	38	25	13																							
7	86	71	57	43	29	14																								
6	83	67	50	33	17																									
5	80	60	40	20																										
4	75	50	25																											
3	67	33																												

Number of Incorrect Items